NOTICE BIOGRAPHIQUE

SUR

CLAUDE TESTARD

LIEUTENANT-COLONEL D'ARTILLERIE DE MARINE, EN RETRAITE
OFFICIER DE LA LÉGION D'HONNEUR
CHEVALIER DE L'ORDRE DE SAINT-LOUIS

Décédé à Seine-Port, le 21 décembre 1864

PAR

L'ABBÉ CHÉRET

CURÉ DE SEINE-PORT (SEINE-ET-MARNE)

———

PARIS

IMPRIMERIE P.-A. BOURDIER ET Cie

6, RUE DES POITEVINS, 6

—

1865

A SA FAMILLE,

A SES AMIS,

A SES CONCITOYENS.

CLAUDE TESTARD

Le 21 décembre 1864, Seine-Port a vu s'éteindre sur son lit de souffrance, un des rares survivants des guerres de la république et de la grande épopée impériale. Il nous a été donné, pendant les sept dernières années de sa longue existence, de vivre dans l'intimité la plus étroite avec ce type achevé du soldat français, le premier soldat du monde par sa franchise et sa loyauté, peut-être encore plus que par sa bravoure. Mais celui dont nous parlons y joignait une autre qualité, qu'on admirait tout en la regrettant : c'était une noble et rare modestie. Dédaigneux de la gloire, parce qu'il la dominait, et impatient de la louange, il ne parlait jamais de ses nombreuses campagnes. Ce n'est donc qu'à la faveur d'épanchements intimes, de questions indirectes et sans que notre vénérable ami s'aperçût de la ruse, que seul, nous avons pu soulever un coin du voile et jeter un coup d'œil rapide sur sa glorieuse carrière. Tant qu'il a vécu, sa modestie nous imposait des lois ; mais aujourd'hui qu'il n'est plus, l'amitié nous dicte les siennes et nous nous croirions coupable si nous nous faisions plus longtemps le complice de sa vertu.

Claude Testard naquit à Issoudun, le 14 octobre 1772. Son instruction n'eut rien de brillant : elle se borna à l'instruction primaire de ce temps-là. Mais ce qui lui manqua de ce côté fut racheté par la rectitude et la sûreté du jugement, qui vaut mieux que la science et que l'instruction ne donne pas. Il avait à peine dix-sept ans, lorsque la construction d'un pont, sur l'une des routes de la contrée, lui fut adjugée à la mairie de sa ville natale. Ce pont existe encore ; il faut donc que la direction de cet architecte improvisé n'ait pas été trop inhabile.

Ses concitoyens ne tardèrent pas à lui donner un autre témoignage de leur confiance et de leur estime. Les fêtes de la fédération s'organisaient à Paris, et les provinces y envoyaient des représentants. Certes, les prétendants à cet honneur ne manquaient pas dans le Berry ; mais le choix du district d'Issoudun tomba sur le jeune Testard, qui vint ainsi à Paris pour la première fois. Une seule chose le frappa, ce fut Louis XVI coiffé du bonnet rouge, et Talleyrand-Périgord disant la messe sur le Champ de Mars. — « Tiens, dit le jeune fédéré à l'un de ses collègues, tout cela n'annonce rien de bon. » — Hélas ! c'était une prophétie ; mais, en fait de malheurs, il n'était pas difficile alors d'être prophète.

Il ignorait encore à cette époque sa vocation à l'état militaire ; et pourtant la révolution, qui se donnait pour mission d'inoculer dans les veines du genre humain la vaccine de la liberté, à la pointe du sabre, commençait à moissonner les jeunes gens dans les provinces pour les attacher à ses drapeaux. Le père du jeune Testard, désireux de conserver à la maison paternelle l'appui de son fils, qui était son seul garçon, l'exonéra de la milice au prix de grands sacrifices. Mais c'était l'époque des brusques changements dans les choses comme dans les idées, et bientôt après, Claude Testard, qui avait consenti à son remplacement, s'engageait comme volontaire dans le deuxième bataillon de l'Indre, le 2 septembre 1792. Grande fut la colère du père, qui jura de ne plus revoir son fils; et il était homme à tenir parole. Notre jeune volontaire fut en effet cinq ans sans revenir. Il revint cependant, forcé d'interrompre ses exploits par la nécessité de soigner ses blessures. Mais la blessure de son père saignait toujours, et le fils se vit contraint de se tenir caché chez des personnes de sa famille. Cette situation ne pouvait aller longtemps à la décision de son caractère. Son père chassait seul dans la campagne, il l'aborde. Le père était comme le fils, franc, droit, loyal; mais d'une impatience et d'une promptitude qui n'excluent pas la bonté du cœur, mais l'éclipsent par intervalle. Après quelques mots de malédiction, sa colère s'échauffant avec ses paroles, il prend son fusil, en abaisse le canon sur son enfant, met le doigt sur la détente. « Eh bien! dit le soldat en ouvrant largement sa poitrine, voilà le cœur qui a pu vous déplaire, mais qui n'a pas cessé de vous aimer. » La victoire fut complète : le père laissa tomber son fusil et tomba lui-même dans les bras de son fils, en versant des larmes qui semblaient à leur tour demander pardon.

Cette protestation d'amour filial n'était pas une formule dans la bouche du jeune militaire : pour lui, la vertu était dans la vertu même et nullement dans les paroles. Le feu du ciel, se mêlant aux désastres de la terre, était venu éprouver sa famille, dépouiller son père de son honnête aisance et Claude Testard n'était encore que capitaine. La solde n'était pas forte en ce temps-là, et cette maigre solde était rarement bien payée; mais ce qui fut toujours intégralement versé à époque fixe, c'est la rente annuelle de douze cents francs, qu'il fit à son père et à sa famille. Chef de bataillon, il porta la rente à dix-huit cents francs, voulant que sa famille bénéficiât de sa position, et n'en acceptant pour lui que les charges. Cependant, la victoire s'était lassée de suivre invariablement le vol des aigles impériales, et à la désastreuse bataille de Leipsick, Testard fut fait prisonnier. L'impossibilité de payer désormais sa rente le préoccupa plus que l'effroi de la Sibérie. En partant pour un exil qui pouvait être sans retour, il vide ses poches, se dépouille de sa montre, de tout ce qu'il possède, et, par l'entremise d'un ami, l'envoie à sa famille comme l'indemnité d'une pension qui devait cesser. On s'imaginerait difficilement comment il pouvait suffire à tant de générosité, si on ignorait quels sacrifices il savait s'imposer. Nous en donnerons un exemple. Capitaine, il logeait un jour avec sa compagnie dans un vieux château; et, comme il ne badinait pas avec la discipline, il se leva la nuit, suivant son habitude, pour s'assurer qu'il n'y avait pas d'infraction au règlement; quand il aperçut un soldat agenouillé près d'un ruisseau voisin. Il allait le punir lorsqu'il vit qu'il lavait sa chemise. « Tiens, se dit le sévère mais bon capitaine, cet homme mériterait plutôt que je le récompense; car il me donne une leçon qui vaut bien quelque chose. » Il en profita en effet. Quand il s'était assuré que tout son monde dormait et qu'il était à l'abri de toute surprise, il s'en allait à la rivière prochaine, et depuis, les comptes de la blanchisseuse furent rayés de son modeste budget. Sa famille y gagna et sa propreté n'y perdit rien. La propreté est une vertu du soldat, et sur ce point, pour lui-même comme pour les autres, notre brave officier était si inflexible que son zèle faillit lui devenir funeste. Souvent il lui arrivait des conscrits de certaines provinces qui ne brillent pas, même de nos jours, par leur réputation de propreté. Il les examinait toujours lui-même, et s'il leur trouvait quelques traces de la malpropreté originelle, il les faisait conduire à la rivière où ils étaient lavés et frottés; ils n'entraient dans le régiment que par la porte de ce nouveau baptême. Ces ablutions n'étaient pas du goût de tout le monde. On sait d'ailleurs que la mal-

propreté, quand elle est passée en habitude, finit par tenir
au cœur autant qu'à la peau; l'un de ces conscrits, ainsi
nettoyé contre son gré, résolut de se venger sur la vie de
son officier, de la crasse qu'il avait perdue. Son dessein heu-
reusement fut connu de ses camarades qui y mirent obstacle;
car le régiment avait pour son chef autant de respect que
d'affection, comme le chef avait pour tout le régiment autant de sévérité que d'amour. Dans une traversée de Brest
à Toulon, ses soldats avaient été obligés de faire le service
de la navigation. Il réclame pour eux la solde des matelots,
puisqu'ils en avaient eu la peine; mais on ne l'écoute pas.
Il insiste, on refuse toujours. Il part alors pour Paris, ob-
tient difficilement du ministère ce qu'il demande et s'expose
ainsi au danger de déplaire et de se nuire à lui-même,
pourvu que justice soit rendue à ses inférieurs.

Ces détails, qu'on ne regrettera pas sans doute, ont un
peu anticipé sur l'ordre des faits : nous allons les reprendre.
Nommé lieutenant dans le 2ᵉ bataillon de l'Indre, le 16 novembre 1792, Testard passait avec ce grade dans la 17ᵉ demi-
brigade d'infanterie de ligne, le 1ᵉʳ septembre 1793; c'est
en cette qualité qu'il fit, dans l'armée de l'Ouest, les campagnes de 1793, 1794, 1795, 1796. Quelles années et
quelles campagnes! On compte plus de deux cents combats
livrés contre les Vendéens, que la rage révolutionnaire ap-
pelait des brigands et que le génie de Napoléon a surnom-
més des héros. Notre brave ami ne parlait de cette époque
qu'en soupirant et comme d'un souvenir qui pesait à sa mémoire. Ce n'est pas, cependant, qu'il ait jamais prêté ses mains
aux atrocités qui déshonoreront éternellement les drapeaux
de la Convention. Lui, il était le soldat sans peur dans l'ac-
tion; mais il demeura toujours l'homme sans reproche, avant
comme après le combat. A Quiberon, des prisonniers roya-
listes allaient être fusillés, il en sauva un grand nombre en
leur faisant prêter des habits. Un soir, il vint bivouaquer

dans la cour de la ferme de la Prévallée, si connue par son beurre incomparable; et, tel était l'effroi qu'inspirait l'armée républicaine, que les habitants voulaient s'enfuir. « Mes amis, leur crie Testard, dormez tranquilles; nous vous garderons cette nuit et vous en serez quittes pour quelques tartines de beurre. » Une autre fois, au nom de la tolérance et de la liberté, il avait été ordonné, sous peine de mort, à chaque soldat de tuer sans autre forme de procès, tout prêtre qu'on pourrait trouver. Testard était alors campé dans une plaine quand, ennuyé de l'inaction, il prend un fusil et sort dans la campagne pour chasser. Il lui fallait traverser une ferme, et la porte mal jointe d'une grange lui laissant apercevoir de la lumière dans l'intérieur, il l'ouvre, et se trouve en face d'une grande multitude de personnes pieusement agenouillées, avec un prêtre qui disait la messe. La capture était bonne : elle pouvait servir utilement à la fortune d'un soldat; mais le nôtre n'était pas homme à l'acheter à ce prix. Il referme la porte sans faire de bruit, s'éloigne dans les prairies et rentre au camp, aimant mieux exposer sa vie que souiller ses mains par le meurtre d'innocentes victimes. De pareilles actions mériteraient de vivre dans la mémoire des hommes; mais Dieu ne tardera pas à se souvenir de la grange vendéenne. Testard faisait un jour, à la tête de son détachement, une battue dans les bois dont le pays est couvert, quand il lui arrive, d'assez près, une balle en pleine poitrine. A la douleur qu'il ressentit, il se crut mort; mais en y portant la main, il trouva la balle à ses pieds, repoussée par son porte-monnaie. Ce n'était pas du reste la première fois qu'il se voyait atteint par le feu de l'ennemi. En novembre 1793, à l'affaire de la Gravelle, où il se battit comme un lion, tout novice qu'il était, une balle était venue se loger profondément dans sa cuisse. Il ne tomba cependant que le soir et une opération chirurgicale devint nécessaire. On peut croire qu'elle fut bien grave, puisque le soldat qui éclairait le médecin s'évanouit et tomba à la renverse avec son flambeau. Cette défaillance inopportune fit rire le patient qui, toujours maître de lui-même, ramasse la chandelle et éclaire d'un bras ferme la douloureuse extraction du projectile.

Le 22 septembre 1796, par ordre supérieur, il passait de l'infanterie de ligne à l'artillerie de marine. Elle ne brillait pas alors notre marine ! On avait dit : *Périssent les colonies plutôt que la République.* Mais en réalité c'était crier : *Vive l'Angleterre,* car elle arrivait ainsi à la domination des mers. Sous notre drapeau maritime, à cette époque, il y avait donc pour le soldat beaucoup de fatigues et de dangers à essuyer, mais peu de gloire à recueillir et peu d'avancement à espérer. Testard, aussi désintéressé qu'intrépide, obéit sans regret et ne pensa qu'à faire son devoir sans souci de la fortune. Son mérite cependant se fit jour, et le 2 juillet 1798, le Directoire lui envoyait son brevet de capitaine. Jamais distinction ne fut mieux justifiée. Le capitaine Testard avait remarqué quelques défectuosités dans la monture des canons et proposa une réforme qui fut mal accueillie de ses collègues. Mais l'essai fit taire la critique toujours un peu jalouse, et dépassa même les espérances de l'inventeur, qui sut utiliser sa découverte contre les Anglais. Les frégates britanniques, à une distance inaccessible aux boulets, étaient venues parader en face de nos côtes, lorsqu'un jour le brave capitaine commandait une batterie sur les rivages de l'Océan. Il ordonne le feu, en ne faisant mettre qu'une demi-charge dans les pièces. Les Anglais, dupes de ce stratagème, croient pouvoir avancer sans péril et nous défier de plus près. Mais les canons français retrouvent à l'instant leur vigueur et portent le ravage dans les vaisseaux ennemis, qui s'empressent de s'abriter en gagnant le large.

Le 28 septembre 1800, Testard fut appelé à l'armée

d'Italie, pour commander une colonne de grenadiers dans l'avant-garde de l'armée d'observation du midi. Il fallut passer le mont Saint-Bernard, au mois de janvier, sous la conduite du général Sarrasin, de triste mémoire. Tout le monde roulait dans la neige, Sarrasin y roulait comme les autres, et les soldats plaisantant sur son nom, se disaient en le voyant tomber : « Regardez donc, le blé noir qui se mêle avec la farine ! » — « Testard ! lui dit Sarrasin, qui préférait en rire plutôt que de s'en fâcher, avec de pareils soldats nous serions capables d'entrer en enfer. » — Près de deux années se passèrent en Italie, dans les cantonnements de la Calabre. Les Italiens ont un peu l'habitude de dormir le jour et de faire, durant la nuit, de la musique en pleine rue. Ces accords nocturnes n'étaient pas toujours du goût de nos officiers qui, voulant reposer, recouraient trop souvent aux voies de fait et à l'abus de la force pour faire cesser ces bruits importuns. Un ennemi vaincu ne fut jamais un ennemi pour Claude Testard. Il souffrait comme les autres, peut-être plus que d'autres, en raison de l'impatience naturelle de son caractère ; cependant, la seule vengeance qu'il se permettait, lorsque les rassemblements venaient sous sa fenêtre, c'était de leur verser une potée d'eau sur la tête, et de se débarrasser ainsi des importunités par un moyen qui le faisait rire lui-même et ne faisait pleurer personne.

L'année 1803 nous le montre au camp de Boulogne, où il faillit se noyer en travaillant à la construction du fort de droite, et, de 1805 à 1813, nous le retrouvons, tantôt à Brest et tantôt à Anvers, soutenant contre les Anglais, à force de courage et d'audace, une lutte par trop inégale. Mais le commencement de la fin se faisait déjà sentir ; Napoléon, le vainqueur de l'Europe et le vaincu des éléments à son retour de Russie, appelle le capitaine Testard à la grande armée, apprécie son mérite à la première entrevue et le nomme chef de bataillon, le 13 février 1813.

A quelques jours de là, son régiment était passé en revue par l'empereur lui-même. — Vos officiers sont-ils au complet, demande Napoléon? — Non, Sire, répond Testard. — Eh bien! le 43ᵉ vous complétera. — Sire, j'ai de l'étoffe comme lui pour en faire. — Ah! ah! dit l'empereur, à qui cette franchise ne déplaisait pas; eh bien! faites. — Et treize officiers sont nommés.

Il y eut encore une autre revue, dont notre chef de bataillon profita pour présenter à l'empereur sept nominations pour la croix de la Légion d'honneur. Mais Napoléon passa outre, trouvant sans doute la demande exagérée. — « Sire, reprend Testard un peu impatienté, ce ne sont pas des services à rendre, mais des services rendus que je propose. » — « Accordé, dit l'empereur, en se retournant vers le général Drouot; puis s'adressant à l'intrépide chef de bataillon : Vous ne sollicitez donc rien pour vous-même? » — « Sire, je n'avais pas autre chose à demander à votre Majesté. » Mais, l'empereur connaissait trop les hommes pour ne pas savoir que celui qui fuit les honneurs, les mérite, et sur-le-champ il le décora lui-même, le 17 avril 1813. Le lendemain, il devait paraître devant Napoléon, avec les insignes de sa nouvelle dignité et Testard n'avait pas de croix. La seule qu'il trouva à acheter dans la ville de Mayence, était d'une énorme grosseur et l'empereur rit beaucoup en la voyant attachée à son habit.

Cependant la coalition s'avançait de toutes parts. Testard assista à toutes les batailles qui furent livrées, et il s'en livrait tous les jours. Les combats des 27, 28, 29, 30 et 31 août 1813, à Dresde et dans les montagnes de la Bohême, furent témoins de son habileté et de sa valeur, malgré un coup de feu qu'il reçut dans l'aine et dont il souffrait beaucoup. La disette de vivres était encore venue aggraver notre position. Depuis un mois, notre brave commandant n'avait pas mangé de pain, et se nourrissait de ce qu'il trouvait, lorsqu'il aper-

çut un jour ses soldats cacher quelque chose dans la paille :
c'était du pain. Il fut assez maître de lui-même pour ne pas
y toucher et s'éloigna en disant : « Ils en ont aussi besoin
que moi, et de plus ils ont eu la peine de l'aller chercher. »
Mais il avait été vu, et le soldat, touché de cette générosité, s'empressait de partager avec lui sa précieuse trouvaille.
Le 27 septembre, il se distinguait au combat de Messeu ; les
4 et 5 octobre, il faisait preuve d'un rare sang-froid et arrivait enfin dans les plaines de Leipsick, le 16 du même mois.
Un carré s'était formé, au milieu duquel se tenaient les officiers. — « Général, s'écrie Testard, voici la cavalerie ennemie. » — Mais, en se retournant, il ne vit plus le général, qui avait disparu, sacrifiant le carré pour protéger sa
retraite. Le désordre se met dans nos lignes, nos rangs sont
culbutés ; Testard, sans être atteint, reçoit presque à bout
portant un coup de pistolet d'un officier ennemi et le démonte d'un vigoureux coup de sabre ; mais enveloppé de
toutes parts, saisi à la gorge et presque étranglé, il est fait
prisonnier de guerre et déporté en Russie.

Il revit la France, le 1ᵉʳ juillet 1814. A son arrivée à Paris, un de ses anciens compagnons d'armes, mais qui avait
quitté l'état militaire pour la littérature, l'invita à dîner, et,
tirant de sa poche le manuscrit d'une pièce qu'il allait livrer
au théâtre : « Tiens, Testard, lui dit-il, ceci vaut mieux
que des épaulettes. » Or, celui qui parlait ainsi, était
M. Viennet, aujourd'hui le patriarche des lettres françaises et le doyen d'âge de l'Académie. La gloire de la littérature est en effet plus tranquille que celle de l'épaulette.
Est-elle toujours aussi pure....?

Dans un changement de gouvernement, l'ambition, à défaut de mérite, fait du zèle et dénigre ses rivaux pour les
supplanter aux rayons du soleil levant. A cette époque, la
contagion atteignit même l'armée, et Testard faillit plus
d'une fois en être victime. On chercha secrètement à rendre

suspecte sa fidélité au pouvoir nouveau. Il éprouvait sans doute des regrets, mal dissimulés par sa franchise, pour un passé auquel le rattachait la communauté de la gloire et des malheurs; mais, avant tout, il était l'homme de son pays, le soldat de la France et incapable de manquer à ses nouveaux serments. Bientôt après on s'en prit à sa probité, et on l'accusa d'avoir gaspillé dans le jeu la caisse du régiment, dont il était dépositaire. Son général savait bien qu'il ne jouait pas; mais, obéissant à des ordres venus du ministère, il fut obligé de lui donner connaissance de la lettre accusatrice. Testard ne répond rien; mais il sort, va chez lui et rentre aussitôt, la bourse à la main. « Tenez, mon général, dit-il, en la jetant sur la table, comptez et vous verrez que si je perds de l'argent, ce n'est pas le vôtre. » Il n'y manquait pas un centime. L'orage passa donc sans l'abattre, peut-être même la calomnie le fit-elle mieux apprécier en le faisant mieux connaître : car le 1er avril 1816, Louis XVIII lui donnait la décoration de l'ordre de Saint-Louis, le nommait lieutenant-colonel au 1er régiment d'artillerie de marine, et c'est en cette qualité que, de 1816 à 1823, nous le voyons chargé du commandement supérieur des bombardiers du 1er bataillon, sur les batteries de la rade de Brest et de Toulon.

Mais tant de fatigues exigeaient enfin du repos et lui firent demander sa retraite en 1823, pour épouser Catherine Guillerot, fille d'un commandant de gendarmerie à Anvers. C'était une femme digne de lui, ayant une sœur qui vint habiter avec eux. Dès lors ces trois existences n'en firent plus qu'une seule; et pourtant leur mutuelle affection ne put épuiser la générosité de leur âme : elle déborda sur les malheureux. Nous l'avons vu : à Seine-Port, où ils étaient venus se fixer en 1839, madame Testard, vraie sœur de charité dans le mariage et oublieuse d'elle-même pour penser aux autres, ne connut qu'une chose : dépenser sa vie au bonheur de son époux âgé, aux soins de sa sœur malade, au soulagement des pauvres, au pansement des infirmes. Sa maison était devenue comme un petit hôpital, dont on ne sortait qu'avec l'aumône corporelle, toujours accompagnée de l'aumône plus précieuse encore d'une parole chrétienne qui relève le cœur. Le vieux colonel approuvait toutes les charités de sa sainte femme ; il en était heureux. Et pourtant, cet homme, retraité à une époque défavorable aux retraites, avait peu de fortune ; cet homme, dont quelques intimes amis avaient été ministres, et qui s'était alors servi de son crédit en faveur des autres, n'avait jamais rien demandé pour lui-même et était demeuré avec la simple décoration de chevalier. Le noble et bon général de Laverderie, — qu'il me pardonne de le nommer, — en venant se fixer à Seine-Port, devait être à son égard l'instrument de la Providence. Il sut apprécier ce digne vieillard, mit à son service l'ascendant que lui donne sa haute position, obtint pour lui la croix d'officier de la Légion d'honneur, répara de toute manière à son égard la négligence des hommes, et nous ne savons ce qu'on doit admirer le plus, ou le dévouement du bienfaiteur ou la modestie du protégé.

Cependant tout finit, et, dans l'espace de moins d'une année, madame Testard ainsi que sa sœur étaient descendues au tombeau. Le courage, à l'armée, c'est de marcher en avant et d'affronter la mort le premier ; dans la vie, la grande épreuve c'est de survivre aux autres et de voir tomber avant soi ceux qu'on aime. Notre vieil ami devait encore subir cette épreuve et il eut le courage de la supporter avec résignation. Mais s'il avait donné du cœur, il lui en fut rendu ; car son isolement trouva une consolation dans la tendre affection de M. et madame Boullier, dans le généreux intérêt de madame Vve Dartois et surtout dans le dévouement filial de son neveu, M. Massiquot, qui, sacrifiant ses affaires à Paris, vint avec sa femme s'asseoir pendant plusieurs mois auprès de son lit, et acquitter ainsi à son égard la dette de toute la famille.

Il faut l'avouer pourtant, les vertus de M. Testard avaient eu le malheur de n'être pas chrétiennes. Enfant d'un siècle sataniquement ricaneur et effrontément immoral, élevé pour ainsi dire dans les camps, alors que la religion était stupidement regardée comme une faiblesse et persécutée comme une ennemie, il en avait contracté une triste indifférence pour tout ce qui touche à nos immortelles destinées. Ce n'est pas que jamais il ait été impie ; car l'impiété est fille ou d'un esprit de travers ou d'un cœur corrompu, et M. Testard n'était ni l'un ni l'autre. La religion allait au contraire à la droiture de son âme ; il en aimait les cérémonies et souvent de grosses larmes roulaient dans ses yeux à la vue d'une procession de la Fête-Dieu ou d'une première communion. Il sentait, comme il l'a dit lui-même, qu'il y avait là quelque chose. Mais que ce quelque chose est difficile à retrouver, quand on l'a perdu, et que les habitudes de toute la vie nous en séparent! On le retrouve néanmoins quand on prie, et M. Testard priait. Chez lui, la prière se faisait en commun et se terminait par l'acte de contrition, toujours récité par le vieux colonel. Cette voix majestueuse et grave, façonnée au commandement, et qui alors s'humiliait dans la confession de son néant et l'espoir de son pardon, pénétrait ceux qui en étaient témoins d'un religieux attendrissement, et ne pouvait manquer d'arriver bientôt jusqu'au cœur de Dieu. C'était le jeudi saint de 1860 ; je disais en sa présence qu'on se sentait comme naturellement porté à la piété dans ces jours qui ont vu répandre le sang précieux du Sauveur. Là-dessus le vieux militaire se relève : « Eh bien ! dit-il, il ne faut pas que ce sang ait été versé inutilement pour moi : M. le curé, votre heure? Je veux régler mes comptes. » Dans l'accomplissement de ces grands devoirs, si consolants pour le cœur, il fut ce qu'il avait toujours été, sans affectation comme sans respect humain. Un bourgeois de Seine-Port, presque son compatriote, ignorant ce qui se passait, vint alors pour le voir : « Ma femme, s'écrie-t-il, dis-lui que je me confesse; cela lui donnera peut-être la pensée d'en faire autant. » Lorsqu'il vit approcher sa fin, il demanda lui-même les secours de la religion.—Monsieur le curé, me dit-il, la présence du médecin m'est sans doute agréable, la vôtre seule m'est à présent nécessaire. » Et nous l'avons vu présenter lui-même ses mains aux onctions saintes du sacrement qui achève de purifier la vie en sanctifiant la mort. La mort, il la regarda venir d'un œil tranquille et comme n'étant pas habitué à la craindre. Une excellente dame, toujours amie fidèle et dévouée de cette famille, pleurait auprès de son lit : « Madame Ruelle, lui dit-il, comment! vous ne voulez donc pas que je meure? » Et le lendemain matin, levé et assis sur son fauteuil, il expirait doucement, dans sa 93e année, au milieu d'une derniere prière de l'honorable M. Charpentier, et dans les bras du dévoué docteur Fantin, qui le pleurait comme on pleure une personne de sa propre famille.

Mais arrêtons-nous. En face de cette tombe où vient s'abîmer une si longue existence, et à la vue de cet intrépide vieillard qui s'avance en tremblant au tribunal de son Dieu, nous sentons pour nous-même le besoin de nous recueillir dans la prière et la méditation.

Paris. — Imprimerie de P.-A. Bourdier et Cie, 6, rue des Poitevins.